酸素欠乏症、硫化水素中毒とは

■酸素欠乏症とは？

　酸素濃度が 18%未満の空気を吸うことによって起こる症状のことで、酸素濃度に応じて次のような症状・障害が現れます。

    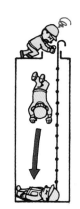

21 ～ 18%	16 ～ 12%	14 ～ 9%	10 ～ 6%	6%以下
安全限界だが連続換気が必要	呼吸、脈拍の増加 頭痛、悪心、吐き気	めまい、吐き気、筋力低下、**体重支持不能で墜落**（死につながる）	失神昏睡（7 ～ 8分以内に死亡）	瞬時に昏倒、呼吸停止、けいれん、6分で死亡

■硫化水素中毒とは？

　硫化水素を吸入、経皮吸収することによって起こる症状のことで、硫化水素濃度に応じて次のような部位別の反応が現れます。

濃度（ppm）	部位別作用・反応
10 ～ 1	≪眼≫眼の粘膜の**刺激下限界**（許容濃度）
20 ～ 30	≪嗅覚≫　　　　　　　が臭気の慣れでそれ以上の濃度にその強さを感じな　　　　　　　　　刺激する**最低限界**
100 ～ 300	≪嗅　　　　　　　　　　　　　　　　　　　　器≫8 ～ 48 時間で気管支炎、
800 ～ 900	≪
5000	≪脳神経≫**即死**

3

酸欠等はこうして起きる

1 酸素の消費

① **鉄などの錆び（鉄の酸化）**
密閉された鉄製タンクの内部や、長い間締め切っていた資材倉庫など

② **微生物、カビなどの呼吸**
下水道のマンホール、もろみ（酒や醤油など）の発酵用タンク、穀物貯蔵庫やサイロなど

2 空気の置き換え

酸化防止のためのタンク内や精密機器の洗浄槽、冷凍倉庫などでは冷媒や窒素、二酸化炭素などのガスでその場所の空気を置き換えています。

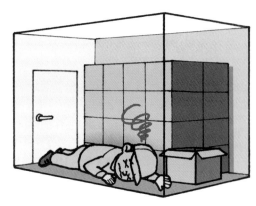

◎ 保冷のためのドライアイスは昇華すると二酸化炭素となりせまい部屋では酸欠になる（体積は昇華により 500 倍）

4

❸酸欠空気の吹き出し

　フロンや窒素などの不活性ガス（窒息性ガス）が通っているパイプを誤って破損等をさせると酸欠空気が吹き出すことがあります。

❹その他

　長期間使用されていない井戸等、地下水や土の酸素吸収等

酸欠等の起きやすい場所

　法令では、酸素欠乏状態の発生するおそれのある場所として次の場所があげられています。※「酸素欠乏危険場所」(労働安全衛生法施行令別表第6 (第6条、第21条関係))

1	次の地層に接し、または通ずる井戸等^{※1} の内部 ※1　井戸、井筒、たて坑、ずい道、潜函、ピットその他
2	長期間使用されていない井戸等^{※1} の内部
3	ケーブル、ガス管等を収容するための暗きょ等^{※2} の内部 ※2　暗きょ (地下に設けた溝)、マンホール、ピット
3の2	雨水、河川の流水等が滞留している暗きょ等の内部
3の3	海水が滞留している熱交換器等^{※3} の内部 ※3　熱交換器、管、暗きょ、マンホール、溝、ピット
4	相当期間密閉されていた鋼製のボイラー等^{※4} の内部 ※4　鋼製のボイラー、タンク、反応塔、船倉その他
5	石炭等^{※5} 空気中の酸素を吸収する物質を入れてあるタンク、ホッパーその他の貯蔵施設の内部 ※5　石炭、くず鉄、乾性油その他
6	乾性油のペイントで内部が塗装された地下室、倉庫、タンク、船倉その他通気不十分な施設の内部
7	穀物の貯蔵、果菜の熟成等に使用しているサイロ、むろ、倉庫、船倉、ピットの内部等の内部
8	しょうゆ、酒類、もろみ、酵母その他発酵する物を入れてあり、または入れたことのあるタンク等の内部

9	し尿、腐泥、泥水、その他腐敗し、または分解しやすい物質を入れてあるタンク等※6 の内部 ※6　タンク、槽、暗きょ、マンホール
10	ドライアイスを使用している冷蔵庫、冷凍庫、船倉、保冷貨物自動車、冷凍コンテナー等の内部
11	窒素等※7 不活性の気体を入れてあり、または入れたことのある施設の内部 ※7　ヘリウム、アルゴン、窒素、炭酸ガス等の不活性のガス

酸欠等防止の基本事項

■特別教育を受ける

　酸欠等の起きるメカニズ
ム、危険な場所、保護具や
作業手順などについてきち
んと教育を受けましょう。

■作業主任者の指揮によるルールに従った作業

　作業主任者の下で決められた
ルールに従って作業することが
安全な作業となり、いざという
ときに命を救います。

◎　酸欠等の被災時は「いかに早く救出するか！」
　　が重要です。

■作業環境の把握、酸素濃度等の測定

　作業前に、フロンなどの不活性ガスのパ
イプが通っているか、酸欠空気のたまりや
すい、換気の悪い場所かなど、作業環境を
把握し、空気中の酸素濃度測定（１８％以上）
などにより安全を確認します。

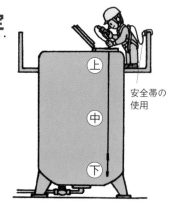

安全帯の
使用

◎　測定は⬆⬆⬇の順に行いましょう。

■危険の除去と監視者の配置

　酸素欠乏危険等の場所と考えられるときは換気（送気・排気）を行い**酸素濃度 18%以上、硫化水素濃度 10ppm 以下**であることを確認します。安全と確認されてからも作業中は監視人を配置し常時換気を行い、危険な状態にならないように監視します。

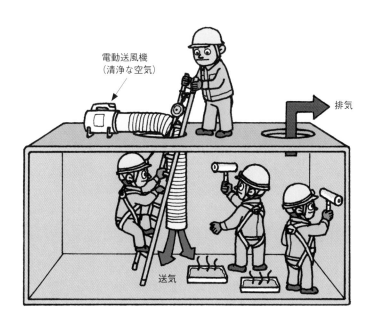

電動送風機
（清浄な空気）

排気

送気

■異常の際には、作業の中止・連絡等

　異常事態が起こったとき、作業者が倒れたときなどには直ちに作業を中止して、関係の部署に連絡して緊急措置を行いましょう。

危険除去の方法、適切な保護具の選択

■換気の方法

　換気は自然換気と機械による換気がありますが、一般的には機械で換気します。送気のための風管は、できるだけ奥まで入れて送気します。タンクなどの換気には、その気積の5倍の新鮮な空気が必要とされています。

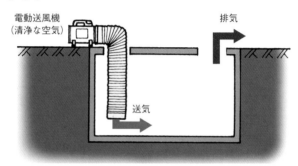

電動送風機
（清浄な空気）

排気

送気

■呼吸用保護具の選択

　酸素欠乏空気の中では必ず空気呼吸器、送気マスク等の給気式呼吸用保護具を使用します。防じん・防毒マスクは全く役に立ちません。これを間違えると命にかかわります。

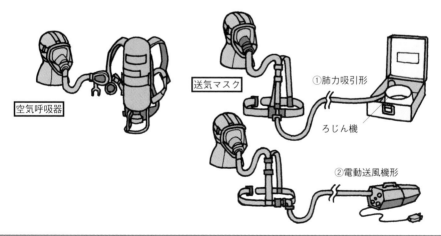

空気呼吸器

送気マスク

①肺力吸引形

ろじん機

②電動送風機形

■ハーネス型安全帯の着用

　タンクやピット内部への昇降は墜落のおそれ（酸欠による墜落も含む）があります。作業者はハーネス型安全帯を着用し、はしごなどの昇降設備には墜落をすぐ阻止できる安全ブロックを設置しましょう。

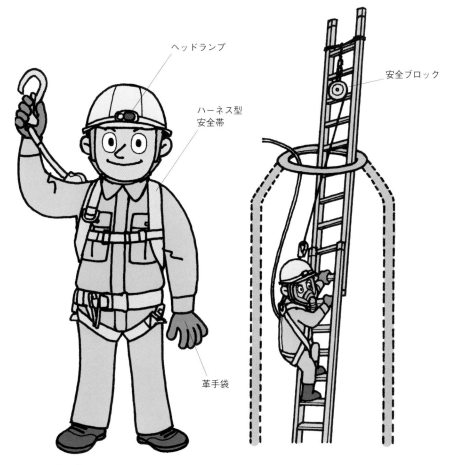

ヘッドランプ

安全ブロック

ハーネス型
安全帯

革手袋

●ハーネス型安全帯について●

① ハーネス型安全帯を着用していれば墜落しても体にかかる衝撃が分散され、安定した姿勢が保てます。
② 欧米では、safety belt とはハーネス型安全帯のことを言います。

二次災害を防ぐ～救助活動の基本～

■環境の把握、測定

　仲間が倒れたとしても、いきなり飛び込んで助けようとしては二次災害を引き起こすおそれがあります。まずその場所の環境把握、特に酸素濃度等を確認することが必要です。

まずは酸素濃度等の測定！

■換気と測定

　換気を十分行い、酸素濃度18％以上、硫化水素濃度10ppm以下になっていることを確認し、酸素欠乏のおそれがあるときなどは、空気呼吸器または送気マスク等（肺力吸引形・電動送風機形）の給気式呼吸用保護具を着用します。

■必ず複数で対応する

　１人で行動していては、不測の事態に対応できません。救助活動は必ず２人以上で行います。

■命綱、安全帯を使う

　救助者も酸欠空気を吸って意識を失い、高所から墜落することも考えられます。命綱、安全帯を着用しましょう。

救助方法と救急処置

■救助方法

　ハーネス型安全帯を着用していれば、酸欠等のおそれのある場所から容易に救助が可能です。または、バスケット式担架（救助用担架）を使用します。

ハーネス型安全帯による
救助（D環に掛けてつり上げる）

バスケット式担架（救助用担架）
による救助

■被災者の状態の確認、救急車の要請

　被災者を救助したら、反応はあるか、普段どおりの息をしているかどうかを確認します。同時に、救急車を要請し一刻も早く病院へ搬送しましょう。普段どおりの息がない場合は救急車が到着するまでの間、人工呼吸、胸骨圧迫の一次救命処置を行います。

◎　日ごろ一次救命処置についての講習等を受けて、落ち着いて対応できるようにしましょう。

すぐに実践シリーズ

なくそう! 酸欠災害

平成23年7月25日　　第1版第1刷

編　者　中央労働災害防止協会
発行者　田畑 和実
発行所　中央労働災害防止協会
　　　　〒108-0014　東京都港区芝5-35-1
　　　　TEL〈販売〉03-3452-6401
　　　　　　〈編集〉03-3452-6209
　　　　ホームページ　http://www.jisha.or.jp/
印　刷　(株)第一印刷所
イラスト・デザイン　(株)ジェイアイ
©JISHA 2011　24080-0101
定価：262円(本体250円＋税5%)
ISBN978-4-8059-1381-9　C3060　¥250E